QUESTION DES SUCRES

DANS LA CHAMBRE DES COMMUNES

D'ANGLETERRE.

DU TRAVAIL LIBRE ET DU TRAVAIL FORCÉ,

LEUR INFLUENCE SUR LA PRODUCTION COLONIALE,

PAR M. JOLLIVET,

DÉPUTÉ D'ILLE-ET-VILAINE, DÉLÉGUÉ DE LA MARTINIQUE.

MAI. — 1841.

PARIS,

IMPRIMERIE D'AD. BLONDEAU, RUE RAMEAU, 7,

PLACE RICHELIEU.

1841

QUESTION DES SUCRES

DANS LA CHAMBRE DES COMMUNES

D'ANGLETERRE.

DU TRAVAIL LIBRE ET DU TRAVAIL FORCÉ.

LEUR INFLUENCE SUR LA PRODUCTION COLONIALE.

Dans mes *Observations* sur le rapport de M. de Tocqueville, relatif à l'abolition de l'esclavage, j'ai examiné cette importante question :

L'abolition du travail forcé, dans les colonies anglaises, aura-t-elle pour résultat l'abandon de la culture du sucre ?

Le rapport de M. de Tocqueville affirmait : « Qu'elle « ne serait pas abandonnée ; que la culture, à l'aide des

« noirs affranchis, serait plus *productive* et moins onéreuse « que la culture à l'aide des noirs esclaves. »

J'ai établi dans mes *Observations* sur le rapport de M. de Tocqueville, par la correspondance des gouverneurs, des magistrats spéciaux des colonies anglaises et autres documents officiels : « Que cette affirmation était « démentie par les faits; que, depuis l'émancipation, ce « n'était qu'avec des salaires excessifs que les colons « anglais avaient pu décider les noirs au travail, et que le « plus grand nombre s'y refusait;

« Qu'aussi la culture avait décliné sensiblement;

« Qu'il résultait des états de douanes que les neuf pre- « miers mois de 1839 avaient donné un septième de moins « de sucre que les neuf premiers mois de 1838;

« Que si la production suivait la même marche décrois- « sante, dans six ans elle serait complétement anéantie. »

Je terminais ainsi mes *Observations*, publiées en mars 1840.

« Ces tristes prévisions se réaliseront-elles?

« Encore quelques années, et nous le saurons, encore « quelques années, et nous aurons la solution de ce grand « problème : Si la culture du sucre peut se faire, par « le travail libre, dans les régions intertropicales?

« Attendez donc!

« L'expérience anglaise suit rapidement son cours; « elle va s'accomplir, *attendez!* »

A peine un an s'est-il écoulé, et l'on peut dire que l'expérience est accomplie.

M. Baring, *chancelier de l'échiquier* (ministre des finances), est venu déclarer dans la chambre des communes, le 30 avril dernier, que la production des sucres coloniaux avait encore diminué; que la diminution était arrivée à ce point que les sucres coloniaux ne pouvaient plus suffire à la consommation de l'Angleterre; et, en conséquence, il a demandé qu'on admît les sucres étrangers, en réduisant les droits, qui jusque là avaient été prohibitifs (1).

La discussion s'est engagée sur la proposition du chancelier de l'échiquier et sur un amendement proposé par lord Sandon, représentant de Liverpool. L'amendement de lord Sandon est conçu dans les termes suivants :

« La Chambre, considérant les efforts et les sacrifices « que le parlement et le pays ont faits pour l'abolition de « la traite et de l'esclavage, dans l'espérance que leur « exemple serait suivi par les autres nations; considérant « que la mesure proposée par le gouvernement de sa ma- « jesté (l'abaissement des droits sur les sucres étrangers), « compromettrait les résultats que le parlement et le

(1) Le droit sur les sucres coloniaux est de 24 shillings, plus 5 pour cent du droit (31 fr. 50) par quintal anglais (56 kilogrammes); sur les sucres étrangers, de 63 shillings, plus 5 pour cent (82 fr. 70 c.)

« pays avaient espérés. Est d'avis de ne pas l'adopter. »

Plus de soixante orateurs ont été entendus pour ou contre l'amendement de lord Sandon, dans les séances des 1er, 10, 11, 12, 13, 14, 15, 17 et 18 mai.

La simple analyse de leurs discours formerait la matière d'un volume, et je ne l'entreprendrai pas.

Je me bornerai à rendre un compte sommaire des discours des principaux orateurs, de ceux qui ont eu la plus grande influence sur la résolution de la Chambre.

M. Goulburn, *ancien chancelier de l'échiquier* (1) : — « Quand je réfléchis que l'époque à laquelle je m'a- « dresse à la Chambre, pour m'opposer à la réduction du « droit sur les sucres étrangers, est précisément l'époque « qui, suivant l'acte d'émancipation, devait être la pre- « mière année de la liberté des noirs; qu'elle a été « avancée de trois ans par la volonté spontanée des colons; « je ne puis m'empêcher de me demander ce qu'eût « pensé la chambre si mon noble ami lord Stanley avait « proposé l'insertion, dans son bill d'émancipation, « d'une clause portant qu'aussitôt la fin de l'appren- « tissage, on retirerait aux colonies les avantages qui « leur étaient assurés par les tarifs; on leur enlèverait « l'approvisionnement exclusif de l'Angleterre; on appel- « lerait à le partager avec elles les pays étrangers où le

(1) Séance du 11 mai.

« sucre continue à être produit par le travail des esclaves!
« La Chambre aurait cru lord Stanley atteint de démence!
« et cependant un ministère s'est trouvé qui n'a pas craint
« de proposer une pareille iniquité!

« Elle ne se consommera pas; elle sera rejetée, j'ose « le prédire, par la Chambre des Communes! »

Lord F. Egerton, *ancien membre du cabinet* (1): — « Je « demande, avec le représentant de Towerhamlets (le doc- « teur Lushington), si c'est par un faux-semblant d'hu- « manité, si c'est par une hypocrite philanthropie que « nous conjurons la Chambre de ne pas empirer, par des « mesures financières, la situation de nos colonies dans « cet instant critique où elles se débattent contre l'enfan- « tement périlleux d'un nouvel ordre social, dans cet in- « stant suprême où elles touchent à la solution de la « dangereuse et dispendieuse épreuve que nous leur avons « imposée! »

Lord Stanley, *ancien ministre secrétaire d'Etat des Colonies* (2): — « Comment! vous disputeriez le marché de « l'Angleterre à vos colonies, lorsque vous ne connaissez « pas les résultats encore incertains de la redoutable « épreuve (awful experiment) qui va décider du sort, de « la vie de plusieurs millions de vos semblables!

« D'une épreuve que le monde contemple dans la plus

(1) Séance du 10 mai.
(2) Séance du 12 mai.

« vive anxiété (breathless anxiety), assez peu disposé à « nous imiter, quand même elle réussirait ; tout prêt à « nous prodiguer ses dédains, et à profiter de nos mé- « comptes si elle échoue.

« O'Connel votera-t-il pour la proposition ministérielle? « on l'assure ; mais alors pourquoi ne demanderait-il pas « l'abrogation de l'acte du parlement qui a aboli l'escla- « vage? »

Sir R. Peel, *ancien premier ministre*(1) : — « Je ne sou- « tiens pas la motion de lord Sandon, parce que nous se- « rions dans l'obligation morale de nous abstenir des pro- « duits du travail des esclaves. Je la soutiens en consi- « dération de l'état présent de nos colonies dans les Indes « Occidentales, et pour assurer le succès de la grande ex- « périence qui se fait dans ces colonies. Si je demande « qu'on continue à exclure les sucres étrangers, ce n'est « pas dans l'intérêt individuel des planteurs des Indes Oc- « cidentales, mais dans un intérêt d'un ordre plus élevé, « dans l'intérêt de notre grande et hasardeuse expérience.

« Je crains que l'admission en Angleterre des sucres « étrangers ne soit fatale à nos colonies ébranlées et chan- « celantes sous le choc de l'émancipation (staggering and « reeling under the shock of that experiment); je crains « qu'elle n'ait pour résultat la cessation de la production « du sucre par le travail libre dans nos colonies des Indes « Occidentales.

(1) Séance du 18 mai.

« L'honorable représentant de Liskeard (Charles Buller) témoigne la plus complète indifférence sur ce résultat. Qu'importe, dit-il, que la production du sucre soit abandonnée dans quelques unes de nos colonies ! Si l'on cesse de produire du sucre à la Jamaïque, on continuera d'en produire à Berbice et à Demerari. Comment! c'est avec ce stoïque dédain que l'honorable membre envisage le sort de l'une des colonies la plus importante de l'empire britannique? Il voit sans regret, sans nulle sollicitude, la perte des capitaux énormes aventurés par nos compatriotes, sur la foi de nos promesses, de notre législation !

« Il retire à nos colons la protection de nos tarifs au moment où elle leur est plus que jamais nécessaire, quand ils ont dû supporter des dépenses extraordinaires pour l'éducation morale et religieuse des nouveaux libres, pour l'établissement d'une nouvelle magistrature ; quand ils sont forcés de les inciter au travail par des salaires élevés !

« Sera-t-il satisfait quand la Jamaïque sera réduite à la même condition que Saint-Domingue ?

« Serait-ce donc là le résultat final de cette émancipation dont il a proclamé les bienfaits?

« Est-ce là le séduisant exemple que nous voulons offrir à l'imitation des autres peuples ?

« L'expulsion complète de la population blanche de la plus grande de nos colonies occidentales, le sol occupé

« par les noirs seuls, et ne produisant plus que les vivres « nécessaires à leur subsistance, l'abandon des produits « exportables, la cessation de tout commerce entre l'An- « gleterre et ses colonies; est-ce là ce que veut l'honorable « représentant de Liskeard, ce que veulent les ministres « de Sa Majesté?

« L'honorable représentant de Liskeard invoque le té- « moignage et l'autorité de tous les écrivains; il cite au « premier rang M. *Burnley*, un homme d'une grande répu- « tation, d'une expérience reconnue. Si j'invoque aussi, « moi, l'autorité de M. Burnley, j'espère qu'il ne la ré- « cusera pas.

« M. Burnley dit : Que si après l'émancipation on ne « s'assure pas, par l'introduction d'un grand nombre de « travailleurs, la continuation du travail, la production « du sucre dans nos colonies occidentales ne tardera pas « à cesser; qu'il n'y a pas un habitant à Porto-Rico, à « Cuba, aux États-Unis d'Amérique, qui n'ait la con- « viction profonde que le travail libre ne pourra être ob- « tenu qu'à l'aide de salaires élevés; que tous ont les « yeux fixés sur nos colonies, et que si la périlleuse ex- « périence du travail libre venait à échouer, cela établirait « contre l'émancipation une répugnance que rien au « monde ne pourrait vaincre. (Écoutez, écoutez!)

« Vous lirai-je l'extrait d'un écrit contre l'esclavage, « de M. Greg, frère du représentant de Manchester, « homme d'une haute capacité et qui fait autorité dans « la question?

« Je n'ai pas entendu dire qu'il ait jamais été réfuté « par l'honorable T. F. Buxton ni par ses amis.

« S'il est une vérité certaine, dit M. Greg, c'est que la « cessation de la production du sucre dans nos colonies, « et la destruction des capitaux employés dans cette pro- « duction, entraînerait l'émigration des blancs qui porte- « raient dans un pays plus heureux leur expérience, leur « industrie et leurs capitaux. L'émancipation aurait alors « éprouvé un échec irrémédiable : la désertion des blancs « retarderait la civilisation, les noirs retomberaient dans « leur barbarie native, et notre exemple, qui devait ame- « ner la suppression de l'esclavage, pourrait bien avoir « l'effet de le perpétuer ! Le moyen efficace, l'unique « moyen de détruire la traite et l'esclavage, c'est de rendre « le travail libre moins cher et plus productif que le tra- « vail forcé. Vous n'y parviendrez qu'en introduisant « dans nos colonies un grand nombre de travailleurs, en « assurant des prix élevés à leurs sucres, en excluant, « pendant un temps du moins, les sucres étrangers des « marchés de l'Angleterre ! »

Cette partie du discours de l'honorable baronet et la citation qui la termine, sont accueillies par des applaudissements bruyants et continuels.
(Continued and tremendous cheers.)

Lord Palmerston et lord J. Russel lui répondent.

La discussion est fermée, et l'amendement de lord Sandon est adopté à une majorité de 36 voix.

La proposition ministérielle d'abaisser le droit sur les sucres étrangers de 63 shillings à 36 shillings par quintal anglais (56 kilog.) a été rejetée, quoiqu'on ait généralement reconnu que la production coloniale était insuffisante, que la consommation avait considérablement diminué, et que les classes pauvres étaient forcées d'y renoncer, vu l'élévation des prix.

La proposition ministérielle a été rejetée, dans la crainte que l'admission des sucres étrangers ne forçât les colons à diminuer leurs prix ; que la diminution des prix n'amenât une diminution dans les salaires payés aux nouveaux libres ; que la diminution des salaires ne les fît abandonner le travail, et que l'émancipation n'eût pour résultat définitif la ruine immédiate des colonies anglaises (1).

La discussion dans la chambre des communes a révélé deux faits importants, deux faits décisifs, que les journaux français n'ont pas reproduits, ou qu'ils n'ont pas suffisamment mis en relief, malgré le haut intérêt qu'a la France à les connaître.

Le premier fait, avoué par l'opposition comme par le ministère, *c'est la diminution progressive et notable de la production du sucre, dans les colonies anglaises, depuis l'acte d'émancipation.*

(1) Telles sont les principales raisons données par les orateurs dont nous avons analysé les discours, et par tous les autres orateurs, notamment MM. Hogg, Heathcote, Colquouhn, Lascelles, Herbert. (Séances des 7, 10 et 12 mai.)

M. E. GLADSTONE, *ancien sous-secrétaire-d'état des colonies* « —(1) : Avant l'abolition de l'esclavage, nos colonies de « l'Inde Occidentale produisaient de 30 à 40,000 tonneaux « (30 à 40 millions de kilog.) de plus que l'Angleterre ne « pouvait en consommer. »

M. P. HOWARD (2). — « Aujourd'hui nos colonies de « l'Inde Occidentale ne nous fournissent plus la quantité « nécessaire à notre consommation, et nous sommes for- « cés de baisser le droit sur les sucres étrangers, afin de « combler le déficit. »

M. GREG, *représentant de Manchester* (3).—« Je vote pour « la proposition ministérielle ; puisqu'il est reconnu que « nos colonies occidentales ne peuvent pas produire la « quantité nécessaire pour notre consommation, il faut « bien nous la procurer ailleurs. »

M. BARING, *chancelier de l'échiquier* (4). — « Lorsque « l'honorable M. Goulburn prétend que la production de « nos colonies occidentales n'a pas notablement diminué, « il s'abuse, comme il peut s'en convaincre, s'il veut lire « aux archives du ministère des colonies les pétitions et cor- « respondances dans lesquelles les colons se plaignent de « la diminution de la production coloniale, et présentent « sa cessation comme prochaine. »

(1) Chambre des communes, séance du 12 mai.
(2) Séance du 10 mai.
(3) Séance du 14 mai.
(4) Séance du 12 mai.

SIR A. GRANT (1).— « La proposition ministérielle prouve « deux choses :

« 1° Que le sucre de nos colonies de l'Inde, joint au « sucre de nos colonies des Indes Occidentales, ne suffit « plus pour alimenter l'Angleterre ;

« 2° Que la grande expérience (l'abolition du travail forcé) « qui devait avoir les résultats les plus brillants, a échoué. « (Has failed.)

LORD J. RUSSEL, *ministre des colonies* (2), « lit les rapports « des magistrats spéciaux de la Jamaïque, et avoue qu'ils « ne sont pas d'une nature favorable ; il résulte de ces rap- « ports que la récolte de 1839 (1re année de l'émancipation) « a été beaucoup plus faible que la récolte moyenne des « quatre années d'apprentissage ; que la récolte des qua- « tre années d'apprentissage a été de beaucoup inférieure « à la récolte moyenne des six années antérieures ; que la « récolte de 1840 a diminué ; et que, suivant toute ap- « parence, la récolte de 1841 diminuera encore.

« Lord J. RUSSEL ne pense pas que le gouvernement et « le parlement doivent forcer la production du sucre dans « les Indes Occidentales ; il admet que la production du « sucre pourrait bien y cesser dans un certain nombre « d'années. (In the course of years.)

« Mais il s'en console ; la production du sucre prenant « un accroissement progressif dans l'Inde. »

(1) Séance du 7 mai.
(2) Séance du 7 mai.

Si l'abolition du travail forcé a amené la diminution de la production du sucre dans les colonies anglaises, la diminution de la production a eu pour corollaires :

1° L'élévation du prix du sucre, en Angleterre;

2° La diminution dans la consommation et dans les revenus publics;

3° La privation des classes pauvres.

M. LABOUCHÈRE, ministre du commerce (*president of the board of trade*) (1), a donné le tableau des prix du sucre colonial anglais, depuis 1830 jusqu'en 1840.

Le prix moyen de 1830 a été de 25 sh. par quintal anglais.

1831.	28 sh.	2 d.
1833.	29	»
1834.	29	2
1835.	33	9
1836.	40	9
1837.	34	5
1838.	33	7
1839.	39	4
1840.	48	7

(1) Séance du 10 mai.

M. BARING, *chancelier de l'échiquier* (1) : — « Depuis « 1820 jusqu'en 1834, date de la mise à exécution de « l'acte d'émancipation de 1833, le prix du sucre des co- « lonies anglaises ne s'est jamais élevé qu'une année, en « 1825, au dessus de 37 sh. le quintal anglais. »

M. E. GLADSTONE (2) : — « Les prix moyens du sucre, « pendant les sept ans qui ont précédé la mise à exécution « de l'acte d'émancipation, de 1828 à 1834, ont été « de 27 sh. 11 d.; les prix ont constamment monté de- « puis l'émancipation : en 1840, ils ont été, en moyenne, « de 48 sh., et se sont élevés jusqu'à 59 sh. »

LORD J. RUSSEL (3) établit que le prix de revient du sucre, dans les colonies anglaises, est de 37 sh., tandis qu'il est de 22 sh. dans les colonies espagnoles et au Brésil, où le travail forcé subsiste toujours.

Ces chiffres répondent aux hommes de théorie, qui prétendent que le travail libre peut s'obtenir, sous les tropiques, à des conditions meilleures, et qu'il est plus *productif* que le travail forcé.

Ils réfutent le rapport de M. de Tocqueville, qui nous disait : « La science indique, et plusieurs expériences déjà « faites dans l'intérieur même des tropiques (4) semblent « prouver que la culture à l'aide des nègres affranchis

(1) Séance du 14 mai.
(2) Séance du 10 mai.
(3) Séance du 7 mai.
(4) M. de Tocqueville cite l'ouvrage de M. Flinter sur Porto-Rico.

« peut devenir plus facile, plus *productive*, et moins oné-
« reuse que la culture à l'aide des noirs esclaves. »

L'expérience anglaise ne s'accorde pas avec les expériences du savant M. Flinter, et contrariera ceux qui, voulant à tout prix l'abolition du travail forcé, se complaisent à croire, avec M. de Tocqueville : « Que la révo-
« lution opérée dans nos îles serait heureuse pour les
« colons comme pour les nègres, et qu'après qu'elle serait
« terminée, il en coûterait moins au propriétaire du sol
« pour cultiver ses champs avec un petit nombre
« d'ouvriers dont il paierait le salaire suivant le travail. »

Il importe de dissiper des illusions contraires aux faits, démenties par l'expérience anglaise.

Il importe que tout le monde sache que la conséquence nécessaire de l'abolition du travail forcé, c'est l'élévation des frais de production, le renchérissement et la diminution des produits, la diminution de la consommation.

« *Le ministre du commerce*, M. Labouchère (1), porte
« à 19 livres par personne la consommation du sucre en
« Angleterre pour 1830 ; à 15 livres en 1840 ;—en sorte,
« ajoute-t-il, qu'elle a diminué de près d'un quart. »

« *Le chancelier de l'échiquier* (2) déplore cet état de

(1) Séance du 10 mai.
(2) Séance du 30 avril.

« choses dans l'intérêt du trésor, qui a vu diminuer « les droits sur le sucre et la mélasse de 202,913*l.* « (5,072,825 fr.) dans l'espace d'une seule année, de 1839 « à 1840;

« Il le déplore dans l'intérêt des classes pauvres.

« Je n'ai pas besoin, dit-il, d'appeler la sollicitude de « la chambre sur la privation qu'elles sont obligées de « s'imposer par suite de l'élévation du prix du sucre. — « La chambre ne le verra pas sans regret; car elle sait « que le sucre, s'il n'est pas un aliment de première né- « cessité, est du moins *le luxe* du pauvre. »

Un autre fait, qui ressort de la discussion dans la chambre des communes, fait également avoué par les deux partis, *c'est l'augmentation de la production du sucre dans l'Inde, destinée à remplacer la production des Indes occidentales.*

Lord Sandon (1) estime à 70,000,000 kil. la quantité de sucre que l'Inde fournira cette année à l'Angleterre.

Les négociants de Londres l'estiment à . . 62,000,000 k.

Les négociants de Liverpool à . . . . 70,000,000 k.

M. Hogg, *un des directeurs de la compagnie de l'Inde* (2) la porte à 100,000,000 k.

(1) Séance du 7 mai.
(2) Séance du 7 mai.

M. Colquouhn (1) rappelle que, dans la discussion du bill sur le rhum, le ministre du commerce assura que l'Inde pouvait produire une quantité illimitée de sucre.

Le ministre du commerce (2), sans préciser positivement la quantité de sucre que l'Inde fournira cette année à l'Angleterre, reconnaît que cette quantité sera considérable.

Lord Stanley (3) après avoir fait un tableau magnifique de l'Inde et des destinées qui lui sont réservées, ajoute : « Déjà l'Inde importe plus de produits de nos ma-« nufactures que le Brésil ; nos importations vont y rece-« voir un grand accroissement ; il ne manquait à l'Inde « que des échanges ; elle nous donnera dorénavant son « sucre, son sucre meilleur et moins cher que dans le « reste du monde. »

Lord J. Russel (4) va plus loin encore dans sa prédilection pour l'Inde. « Il ne veut pas qu'on force la pro-« duction du sucre dans les colonies occidentales ; il n'est « pas impossible, dit-il, que nous établissions l'égalité « des droits entre les sucres des deux Indes, comme nous « avons déjà établi l'égalité des droits sur les rhums, et « la différence du fret étant peu considérable, nos colo-

(1) Séance du 10 mai.
(2) *Idem*.
(3) Séance du 12 mai.
(4) Séance du 7 mai.

« nies occidentales ne pouront plus soutenir la concur-
« rence.» (The West-India may find themselves defeated.)

Cette tendance favorable des hommes d'état anglais pour leurs possessions de l'Inde, cette préférence, avouée par l'ancien ministre et par le ministre actuel des colonies, lord Stanley et lord J. Russel, explique, pour les moins clairvoyants, l'initiative que l'Angleterre a prise dans l'abolition de la traite et de l'esclavage (1). S'il est vrai que les dissidents anglais, méthodistes, anabaptistes, quakers, etc. aient poussé à l'abolition par principe religieux, il est permis de penser que le gouvernement anglais a été mu par une pensée plus mondaine, par un calcul purement politique. L'Angleterre n'aurait jamais consenti à abolir l'esclavage dans ses colonies de l'ouest, elle ne se serait jamais résignée à compromettre l'avenir de la production à la Jamaïque, à Demerari, etc., sans l'espoir que la Guadeloupe et la Martinique, Cuba et Porto-Rico, le Brésil et les Etats-Unis d'Amérique, seraient un jour forcés de suivre son exemple. L'Angleterre verra sans regret la production du sucre cesser dans les Indes occidentales, où elle rencontre pour rivaux, la France, l'Espagne, le Brésil et les Etats-Unis, le jour, et ce jour n'est pas loin, où elle pourra le remplacer par le sucre de l'Inde, qu'elle possède sans partage! L'aiderons-nous à accomplir ses projets? Serons-nous assez dupes pour imiter l'exemple intéressé qu'elle nous propose?

(1) L'article 64 de l'acte d'émancipation de 1833 porte : « Aucune des dispositions du présent acte n'est applicable aux territoires appartenant à la Compagnie des Indes Orientales.

Quand nous aurons, par l'abolition du travail forcé, tari la source de la production du sucre dans nos Antilles, pourrons-nous, comme elle, chercher des compensations dans l'Inde?

Sa prévoyance y a mis bon ordre.

Les traités de 1815 ne nous ont laissé, dans l'Inde, que quelques comptoirs sans importance, séparés les uns des autres par les possessions anglaises, et que nous conservons sous le bon plaisir de l'Angleterre.

Si la France est résolue à recommencer l'épreuve anglaise, à compromettre, sans compensation, l'existence des seules colonies qui lui restent, que du moins ce soit à ses risques et périls; qu'à l'imitation de l'Angleterre, elle rende ses colons indemnes, qu'elle ne fasse pas à leurs dépens une épreuve qu'elle veut faire malgré eux. « Ce « serait, M. de Tocqueville l'a dit dans son rapport, ce « serait indigne de la grandeur et de la générosité de la « France; ce serait une flagrante iniquité!»

Les colons anglais, au moment où l'émancipation fut prononcée, en 1833, étaient dans une situation prospère, que leur avait faite la longue et exclusive possession du marché anglais.

Nos colons ont été ruinés par l'immunité accordée au sucre indigène, par la concurrence qui les a contraints de baisser leurs prix, même au dessous du prix de revient! La commission, par l'organe de M. de Tocqueville son rapporteur, évalue leurs seules dettes hypothécaires, à la

Guadeloupe et à la Martinique, à 130 millions, c'est-à-dire, au quart environ du capital représenté par toutes les propriétés rurales de ces deux îles.

En ajoutant les dettes hypothécaires de Bourbon et de la Guyane française, que la commission n'évalue pas, et qu'on peut, proportion gardée, porter de 80 à 100 millions; leurs dettes personnelles, résultant des avances faites par les négociants des ports de mer, et qui s'élèvent à plus de 60,000,000, on aura une idée exacte de la situation pécuniaire de nos colonies.

Si l'on veut que l'émancipation se fasse dans les mêmes conditions que l'émancipation anglaise, il faut adopter la proposition de l'honorable M. Lacave-Laplagne, interdire la fabrication du sucre indigène, donner à nos colonies le marché exclusif de la France, et attendre que l'élévation du prix de vente, durant quelques années, ait permis aux colons, sinon de s'enrichir, du moins de payer leurs dettes.

M. de Tocqueville lui-même a reconnu, dans son rapport (1):

« Que l'émancipation sera d'autant plus facile, la tran-
« sition d'un état à l'autre d'autant plus paisible et plus
« courte, que les propriétaires du sol seront plus riches.
« Tout devient difficile, si l'émancipation s'opère au
« milieu de leur gêne; tout devient périlleux si elle com-

(1) Page 25.

« mence au milieu de leur ruine; il n'y a qu'une société « coloniale prospère qui puisse aisément supporter le pas- « sage de la servitude à la liberté. »

Une réforme radicale de la législation sur les sucres, est donc la préface obligée de l'émancipation.

M. le ministre de la marine lui-même a déclaré, dans sa circulaire du 18 mai 1840, aux gouverneurs de la Martinique, de la Guadeloupe, de la Guyane française et de Bourbon : « Que la loi sur les sucres, basée sur les con- « ditions actuelles du travail, devrait nécessairement être « *modifiée* si le changement de ces conditions était la con- « séquence du travail salarié. »

La seule *modification* efficace est celle que M. Lacave-Laplagne avait proposée dans la dernière session, et qui avait réuni une imposante minorité (1).

Pour que nos colonies paient leurs dettes, pour qu'elles sortent de cet état de marasme, de ruine qui, de l'aveu de la commission Tocqueville, rendrait l'émancipation périlleuse, il ne faut pas qu'elles rencontrent de concurrents sur le marché métropolitain..... *auquel elles ont seules droit de prétendre, en vertu d'un principe de justice et de*

(1) Dans la discussion sur son amendement, M. Lacavé-Laplagne a dit : Si l'influence du président du conseil (M. Thiers) lui faisait obtenir le malheureux succès d'ajourner la solution que je propose, les événements viendraient bientôt confirmer son mérite, et il serait obligé d'arriver plus tard à ce que je soutiens être opportun, à ce que je soutiens avoir été trop reculé, et qui deviendra plus nécessaire à mesure que les événements marcheront. Ces paroles de M. Lacave-Laplagne étaient prophétiques, l'évé-

réciprocité, puisque la métropole s'est réservé le monopole du marché colonial (1).

C'est la concurrence du sucre indigène qui force dans ce moment nos colonies à vendre à 55 fr., prix ruineux et qui menace de baisser encore, les 50 kil. de sucre, qu'elles avaient vendus,

En 1829	73 fr.
En 1825	85
En 1823	88

et qui se sont vendus l'année dernière, en Angleterre, jusqu'à 105 fr.

La surtaxe sur les sucres étrangers ayant été baissée à 20 fr. par la loi de juillet 1840, la concurrence du sucre étranger commence aussi à se faire sentir; il en est entré dans nos ports le mois dernier (avril) 924,228 k. (Voir les états de douanes publiés dans le *Moniteur* du 28 mai.)

nement est accompli. Le prix du sucre, tombé plus bas qu'à l'époque de l'ordonnance du dégrèvement, appelle le remède énergique de M. Lacave-Laplagne, le seul qui puisse sauver nos colonies d'une ruine imminente!

(1) Discours du ministre des finances (*Moniteur* de 1837, p. 1373.)

M. Colquouhn, séance du 10 mai: « Les trois grandes autorités « en économie politique, MM. Porter, Mac-Grégor et Deacon Hume, s'ac- « cordent à déclarer que tant qu'on continuerait à imposer des droits sur « les produits étrangers importés dans les colonies, dans l'intérêt de nos « manufactures, on ne saurait sans iniquité, sans blesser tous les principes « de l'économie politique, réduire les droits sur les sucres étrangers, et « les admettre en Angleterre concurremment avec les sucres coloniaux. »

Si les colons anglais se débattent contre l'émancipation, en achetant au poids de l'or le travail momentané de leurs anciens esclaves, s'ils peuvent continuer encore pendant un temps cette lutte difficile, c'est grâce au prix élevé de leur sucre, que leur assure le monopole du marché métropolitain. Il faut que cette nécessité ait été bien vivement sentie, pour qu'elle ait décidé la chambre des communes à repousser l'introduction des sucres étrangers, malgré les idées nouvelles qui tendent, en Angleterre, à détruire les monopoles; malgré la situation de ses finances, qui, de l'aveu du chancelier de l'échiquier, présentent un déficit annuel de 2,400,000 l. st. (60,000,000 fr.); malgré l'insuffisance de la production coloniale, la cherté du prix, et la souffrance de la classe pauvre, qui se voit forcée de renoncer à l'usage du sucre!

L'interdiction du sucre indigène, prononcée de fait par l'acte du parlement du 15 juillet 1837, qui l'a tué avant qu'il songeât à naître, en décrétant l'égalité des droits.

Une surtaxe prohibitive de 102 francs par 100 kilog. sur le sucre étranger.

Le monopole du marché anglais, qui a permis aux colons d'élever leurs prix depuis l'émancipation, et de réaliser un bénéfice annuel, que M. Walter n'évalue pas à moins de 125,000,000 de francs (1).

Une indemnité de 500,000,000 de francs payée aux co-

(1) Séance du 10 mai.

lons anglais à qui on a laissé en outre, et comme complément de l'indemnité, sept années du travail de leurs anciens esclaves.

Tout récemment encore une nouvelle législation qui diminue considérablement les droits sur les produits étrangers, et permet aux colonies anglaises l'importation des produits jusqu'alors prohibés.....

Voilà l'ensemble des mesures financières que la Grande-Bretagne a adoptées, et qu'elle maintient avec une persévérance dont elle vient de donner un dernier et éclatant témoignage.

Et cependant il est douteux que la périlleuse épreuve tentée par l'Angleterre réussisse!

Ceux qui le désirent avec le plus d'ardeur avouent, dans le Parlement, leurs doutes et leurs craintes.

La prudence veut que la France attende.

La justice exige que la France, si elle est résolue à tenter la même épreuve, adopte les mêmes mesures financières, qu'elle s'impose, en faveur des colons, les mêmes sacrifices que l'Angleterre...

C'est ainsi qu'elle parviendra, sinon à empêcher, du

(1) Les colonies espagnole et hollandaise ont aussi le monopole des marchés de leurs métropoles.

moins à adoucir les résultats inévitables de l'émancipation; qu'elle retardera la ruine de ses colonies.

Si la France n'empruntait à l'Angleterre que son Émancipation, et rejetait les mesures qu'elle a prises pour la faciliter, pour la rendre moins onéreuse à ses colons; il arriverait, c'est sir Robert Peel, c'est M. de Tocqueville lui-même qui l'a dit (1), il arriverait : « Que les blancs « ruinés quitteraient le sol de nos colonies, et que les « noirs retomberaient dans leur barbarie native! »

(1) Page 25 de son rapport.

IMP. D'AD BLONDEAU, RUE RAMEAU, 7.

www.ingramcontent.com/pod-product-compliance
Lightning Source LLC
LaVergne TN
LVHW010304230826
846091LV00007BB/2707

* 9 7 8 2 0 1 1 7 8 3 8 5 1 *